Made in the USA
Monee, IL
05 August 2021

75036580R00063